Jean-Michel

et la révolution en Poponie

Magali Le Huche

OUF
OUF
OUF
OUF
JEAN-MICHEL!
JEAN-MICHEL!
JM

ACTES SUD junior

Ce matin à Vlalbonvent, il fait beau.
Jean-Michel le caribou se réveille doucement.
La semaine a été rude, le super-héros a beaucoup travaillé.

Hummm, j'ai bien dormi !
Debout
Debout

Alors ce matin, Jean-Michel a une petite flemme.

Il faut pas me bousculer !
Je vais d'abord aller boire un jus de trèfle au village !
Hé Ho ! Mais Jean-Michel, tu ne m'aides pas à ouvrir ma noisette ?
Eh bien non !
Ben, Jean-Michel ? Tu as oublié de me sauver !
En effet !

Jean-Michel arrive au café de Vlalbonvent.
On dirait que quelque chose se prépare.

Café
Salut la Compagnie !
BONVENT mag
Tiens, Jean-Michel ! Tu n'arrives pas en volant aujourd'hui ?
Tu sais où se déroule le concours des Fabuleux Talents cette année ?
En Poponie !
Et on veut tous y participer !

Mmmm la Poponie... l'endroit idéal pour les vacances!
Mais qu'est-ce que c'est "Fabuleux Talents"?
C'est un concours où chacun peut venir montrer ses talents!
Peut-être deviendrai-je une star?
Je vais enfin pouvoir déclamer mes poèmes au monde entier...
Soudain...
JEAN-MICHEL! JEAN-MICHEL, AU SECOURS!
Nom d'un caribou, on dirait que le devoir m'appelle... J'ai même pas eu le temps de finir mon jus de trèfle...

Un petit poney tout paniqué se précipite vers Jean-Michel.

JM
OUF OUF
OUF OUF
JEAN-MICHEL ! JEAN-MICHEL !

JM
Que se passe-t-il, Petit Poney ? Raconte !
Je m'appelle Bijou et je viens de Poponie, où rien ne va plus !
Prenez ce jus d'avoine, vous m'avez l'air tout déshydraté !

C'est l'horreur !
Un petit poney se prend pour le chef : il a décidé de tous nous dresser pour monter un spectacle irréprochable et remporter le concours des Fabuleux Talents !

Il nous oblige à porter des bonnets en crin qui grattent et à avoir la queue toujours bien tressée.
On doit marcher au pas en commençant toujours par la patte droite.
Et on doit chanter en cadence "Il descend de la montagne à cheval."

Tout le monde est effrayé par ce que raconte le petit poney.

Pauvres petits poneys !
BHOUHOU
C'est horrible !

L'entraînement est dur ! On doit se lever à 5 h tous les jours.
Il veut qu'on l'appelle Dark Ponidor.
On n'a même plus le droit de hennir de rire...

Chanter en cadence, quelle horreur !
Nom d'un caribou !
On a besoin de toi, Jean-Michel.
Je comprends mais justement, aujourd'hui, j'avais décidé de me reposer...

Gisèle la chamelle, l'air furieux, intervient dans sa langue des signes*.

Comment ça, Gisèle, je suis lâche ?
Tu crois que l'heure est grave et que les petits poneys ont besoin de moi ?
Ok, tu as raison.

* Voir *Jean-Michel est amoureux.*

Ni une ni deux, Jean-Michel a pris sa décision :
il faut sauver les petits poneys des griffes de Dark Ponidor.

Gisèle, Bijou, grimpez sur mon dos! Dark Ponidor n'a qu'à bien se tenir...
Soyez prudents! Et donnez de vos nouvelles!
À bientôt!
Raquettes à réaction enclenchées, c'est parti! Direction la POPONIE!

Peu après, Jean-Michel, Gisèle et Bijou arrivent en Poponie.

Nom d'un caribou, ça n'a pas l'air de rigoler ici!
Voici le poney-club commando d'entraînement.
il descend de la montagne à cheval ho hé, il descend de la montagne à cheval ho hé, il descend de la montagne il descend de la montagne...
ho hé
il desand de la montagne à cheval ho hé, il descend de la montagne à cheval, il descend de la montagne, il descend de la montagne il descend de la montagne il descend de la montagne à cheval
ho hé

SIFFFLE
SIIIFFLE

Mais que font-ils?
Aïe
Je vais vous expliquer.
BOOM

Ici, c'est l'atelier de confection de sabres lasers en bois pour Dark Ponidor.
il descend de la montagne à cheval
ho hé!
Et ici, c'est l'atelier de cirage de bottes.
Il descend de la montagne à cheval ho hé, youpi ya ya youpi youpi ya, youpi ya ya youpi youpi ya, youpi ya ya youpi, ya ya youpi, ya ya youpi youpi ya ... youpi ya ya ... youpi

Si on n'obéit pas, on doit sauter à cloche-pied 999 fois en chantant « A da da sur mon bidet » !
AAA DADAAA DA
SURRR MON
BiBiDÉD ÉÉÉ
Certains sont comme hypnotisés et ne jurent plus que par Dark Ponidor.
ZZ DARKPONIDORZZZ
DARPONIDOR ZZZ
ZZ
DAARPONIDOR ZZZ
ZZ
Mais c'est pas possible ! Où sont passés les petits poneys toujours bien toujours gais ?
Ça ne peut pas durer ! Pour qui se prend cet odieux Dark Ponidor ? Je veux le voir ! Emmène-moi chez lui !

Au palais de Dark Ponidor...

DARK
PONIDOR
Venez, les gardes sont trop fatigués, on peut entrer sans crainte.
JM

Une fois à l'intérieur, Jean-Michel, Gisèle et Bijou se cachent pour observer Dark Ponidor. Il est en train de faire répéter le spectacle.

Ah ! Ah ! Ah ! Je suis le plus incroyable des petits poneys !
Grâce à moi, la Poponie va montrer au monde toute sa PUISSANCE !

Mais pour ça, vous avez intérêt à gagner le concours des Fabuleux Talents !
BOUM

Vous devez être PARFAITS !!
Je veux que vous soyez IRRÉPROCHABLES !

Au signal de mon sabre laser, commencez tous par la patte droite.
1,2,3 ET EN CADENCE !
Coquinou ! Tu as commencé par la patte gauche ! RECOMMENCE !
Et obéis, je suis ton père !
Oui, pardon...
Mais c'est pas moi ton père ?
Chut... !
Billoncé, Roudoudou, taisez-vous !
Je suis aussi votre père !
Mais alors c'est qui ma mère ?

Fou de rage, Jean-Michel décide d'intervenir.

C'en est trop! Laissez ces petits poneys tranquilles!
PARDON?
Arrêtez de vous prendre pour le chef!
Ah! Ah! Ah! T'es venu faire un tennis avec les pieds, espèce de biquette en maillot de bain?!
Tu ne m'impressionnes pas! Je suis Jean-Michel, Super-héros de Vlalbonvent, et je vais te montrer comment je manie mon lasso!
Mais serais-tu capable d'affronter mon armée de petits poneys hypnotisés?

Jean-Michel se retourne et découvre une centaine de petits poneys hypnotisés prêts à bondir sur lui.

ZZZ méchant méchant
ZZZ
ZZZ
ZZZ méchant
ZZZ
ZZZ méchant ZZZ
Ah ! ah ! ah ! Je les ai programmés pour être très méchants ! JE SUIS TROP FOOORT!!!

Jean-Michel prend la fuite avec Gisèle et Bijou.

Mes pouvoirs ne suffiront pas ! Qu'allons-nous faire ?

Gisèle semble avoir une idée.

La révolution ? Mais oui, Gisèle, tu as raison ! Il faut aider les petits poneys à résister et à dire STOP à Dark Ponidor !
JM

Soudain apparaît dans le ciel la montgolfière d'Albert avec tous les amis de Vlalbonvent !

Voilà du renfort !

Les amis, vous arrivez à temps, on va avoir besoin de vous !

Jean-Michel et Gisèle expliquent à tout le monde leur plan.

On est venus car le concours des Fabuleux Talents a lieu demain !
On va aider les petits poneys à se révolter contre Dark Ponidor !
Et aussi car on s'inquiétait pour vous ! Ça n'a pas l'air d'aller ici, que se passe-t-il ?

Sans perdre un instant, Bijou les emmène rencontrer ses amis poneys pour rassembler les troupes.

Je vous présente Jean-Michel et ses amis de Vlalbonvent, ils sont là pour nous aider.

Dark Ponidor est devenu complètement fou.
Nous devons nous unir pour lui dire STOP !
Tu veux qu'on se révolte ?
C'est un bon projet mais comment s'y prendre ?

Albert l'ours polaire semble avoir une idée.

Ce qu'il faut, c'est ridiculiser Dark Ponidor.
Allons le voir ce soir quand il dort.
Apportez des feutres, de la peinture et des paillettes. On va bien rigoler !

À la nuit tombée, Jean-Michel et tous les autres s'infiltrent à pas de loup dans le palais de Dark Ponidor.

DARK PONIDOR
Venez, je sais où se trouve sa chambre !
ZZZ
Dark Ponidor
ZZZ

Ils arrivent dans la chambre de Dark Ponidor,
qui dort comme un bébé…

Oh, il suce encore son pouce !
Pour le maintenir endormi, je vais lui chanter une berceuse.

Tous se mettent au travail.
Bercé par Jean-Michel, Dark Ponidor ne se rend compte de rien !

Une chanson douce que me chantait ma maman…
HI HIHI
HU HU HU
HO HO HO
Elles sont où, les paillettes ?
Passe-moi le rouge à lèvres.

Le lendemain, c'est le grand jour du concours des Fabuleux Talents !
Les numéros s'enchaînent les uns après les autres.

Oine, tou, tri, fore
Ça va suinguer !
Je vous présente Thierry le Brame et ses Bichettes !
Fabuleux Talents

Bien sûr, Francis participe, accompagné d'Edmond à la guitare.

Hier mes problèmes me paraissaient si loin
Ho hier est venu soudainement
Fabuleux Talents

Le public assiste à des performances étonnantes...

Et voici, sous vos yeux éblouis, les Koumpforettes !

Arrive le tour des petits poneys.

Et maintenant, je vous présente Dark Ponidor et les Petits poneys !
Fabuleux Talents

Mais ? Mais ?
Taisez-vous ! Je suis votre père !
Quoi ?
HA HA HiHiHi HiHiHi
HiHiHi
HOHOHO HAHA
HUHUHU HAHAHA HA HAHA HiHiHi
HAHAHA

Dark Ponidor ne fait plus peur du tout.
Même les petits poneys hypnotisés se réveillent, pris à leur tour d'un fou rire !

HAHA HA HAHA HA HAHA HAHA
HA HAHA HAHA HiHiHA HA
HAHAHAHA HAHiHiHAHA HAHA HAHA
HAHA HAHA HiHi HAHA
HiHi HA HA HiHi

Leurs esprits retrouvés, ils peuvent enfin s'exprimer.
La révolution peut commencer !

On ne veut pas de ce spectacle!
On en a marre!
C'est pas possible!
On ne va pas se laisser dresser par ce ridicule Dark Ponidor, les amis!
Réveillez-vous! RÉVOLTONS-NOUS!

LÂCHER DE BONNETS GÉNÉRAL!!
HOURRA
HAAOUIN MAMAN
LIBERTÉ!!
YOUPI
Et si on faisait un spectacle comme on aime?
Oh oui!!

Joie et liberté retrouvées, les petits poneys donnent un spectacle incroyable ! Tout le monde se met à danser !

LES
PONEYS
SAUVAGES
JM

Vient enfin l'annonce des vainqueurs...

Le Grand Prix cette année des Fabuleux Talents est décerné à l'unanimité... aux petits poneys !

Les petits poneys bondissent de joie et hennissent de bonheur !

HOURRRAAA !

Au moment de recevoir le prix, Bijou fait un discours.

Sans toi et tes amis, Jean-Michel, nous n'aurions pas réussi à retrouver notre liberté et à jouer ce spectacle à notre image. Ce prix te revient! Merci à tous!
Fabuleux Talents

Après la cérémonie, Jean-Michel retrouve Gisèle.

Gisèle, je peux te parler?

Sans toi, je n'aurais jamais eu la force d'aider les petits poneys. Ce trophée te revient...
Merci, Gisèle.

Cette fabuleuse journée se termine par une grande fête sur la plage ! Dark Ponidor boude tout seul dans son coin et n'est pas près de jouer à nouveau les chefs...

Nous non plus, on n'a pas gagné le concours, c'est trop nul !
Tu veux un doudou ?
Tu verras, ça fait un bien fou !

Déjà parus :

Jean-Michel le caribou des bois
Jean-Michel contre vents et marées
Jean-Michel le caribou est amoureux
Jean-Michel le caribou, un super-héros en vacances
Jean-Michel et Victoria la fée
Jean-Michel et le Père Noël au bout du rouleau

Éditeur : François Martin, assisté de Marine Tasso
Directeur de création : Kamy Pakdel
Directeur artistique : Guillaume Berga
 – ISBN 978-2-330-06992-6
Loi 49-956 du 16 juillet 1949 sur les publications destinées à la jeunesse
Reproduit et achevé d'imprimer en octobre 2016 par l'imprimerie Grafiche AZ (Italie)
pour le compte des éditions ACTES SUD, Le Méjan, Place Nina-Berberova, 13200 Arles
Dépôt légal 1re édition : novembre 2016